# TUONS

# DESCARTES!

EXTRAIT D'UN COURS

De M. E. H.
Professeur à l'Université libre de Paris.

**Prix : 30 centimes**

EN VENTE

CHEZ TOUS LES LIBRAIRES

# TUONS
# DESCARTES!



EXTRAIT D'UN COURS

**De M. E. H.**
Professeur à l'Université libre de Paris.

**Prix : 30 centimes**



EN VENTE
CHEZ TOUS LES LIBRAIRES

# LE QUAI AUX BOUQUINS

Il est dans Paris un lieu bien connu des amateurs de livres à bon marché : c'est le *quai aux bouquins;* il fait le pendant du quai aux fleurs. Ne sont-elles pas aussi travaillées, ces fleurs des maraîchers, que celles de nos poètes, de nos rhéteurs et de nos philosophes, qu'on traite d'artificielles? Au fond, jardins et jardiniers se valent; de part et d'autre les fumiers sont égaux ; la culture ne diffère que de peu, et encore! Tulipes creuses de Bagneux ou de Montrouge, roses sans parfum de Sorbonne ou de l'Institut, vous êtes sœurs, nées sous les mêmes cieux, produites par les mêmes procédés sur des couches préparées de longue main. Le papier des unes enveloppant la tige des autres, quelle touchante harmonie! *Facies non omnibus una, nec diversa tamen...*

C'est le long des quais Malaquais et Voltaire, et même un peu plus bas en suivant le cours de la Seine, que s'étalent les fleurs dont nous avons à parler; c'est là que règnent, sans partage, les étalagistes en plein air. Devant la longue file de leurs boîtes uniformes, d'un vert noir, passe, sans y jeter un coup d'œil, le gros des Philistins, tête haute, pas relevé, gens affairés ou tout occupés de faire sonner sur l'asphalte leur nullité endimanchée.

Cependant, comme au temps des crues le fleuve sort de son lit, les caisses plates et carrées, regorgeant de livres, laissent déborder sur la marge de pierre le flot des brochures au dos dépenaillé, aux bords effrangés, aux faces grasses et tachées, aux couleurs mangées du soleil. C'est pitié de les voir s'offrir ainsi pour deux ou trois sous, et tourner leurs feuillets à tous les vents sous les yeux des passants indifférents.

Près d'elles, les livres de quelque poids, semblables à de gros bourgeois, se tiennent cois, dociles, rangés côte à côte, bien à l'abri, dans les boites qui ouvrent leur mâchoire mobile et bâillent comme huitres au bord de l'eau. Eh ! qui sait ? plus d'une peut-être renferme une perle ! Mais ce n'est point là le souci des locataires des maisons riveraines. Eux, connaissant la mobilité des couvercles, qui s'élèvent ou s'abaissent selon les changements du ciel, trouvent là des baromètres bien autrement sûrs que les Gay-Lussac les mieux conditionnés. Durant les claires journées, ouverture complète des boites ; mais, selon que le temps est plus ou moins incertain, plus ou moins aussi s'accentue l'inclinaison des couvercles. Leur attitude penchée leur donne alors un air de gros battants, comme en dressent, durant l'hiver, avec quelque vieille porte, les enfants de la campagne, acharnés à la destruction en masse des malheureux moineaux. Au lieu de graines, ici, pour appât, des livres ; le passereau littéraire picore à beau bec dans le tas, tandis que le rapace libraire, adossé à l'un des arbres du quai, surveille du coin de l'œil sa proie. Voit-il le candide oiseau becqueter fort dans un tome vieilli et dépareillé, ou dans quelques numéros de revues démodées comme les vieilles lunes, il quitte son arbre, il s'approche ; l'oiseau hésitait encore, il l'aide à se prendre. C'en est fait ; quelques plumes, sous forme de gros sous, restent entre les mains de l'oiseleur, et le passereau, sous son aile joyeuse, emportant quelque chose qui ressemble à de la couleur de suie ou de serin empaillé, prend son vol et regagne les hauteurs du quartier latin.

Ce me fut une grande joie quand, l'autre jour, un peu las d'errer sur la mer de l'éclectisme, et n'ayant plus qu'une foi philosophique hésitante, qui me laissait dériver de Charybde-Janet en Scylla-Renouvier, je mis enfin la main sur une planche de salut. J'étais descendu sur les quais, semi-cartésien, semi-kantien, semi je ne sais quoi encore, mais je rentrai chez moi converti au thomisme. Vivent Dieu et saint Thomas d'Aquin ! Une livraison de la *Revue du monde catholique*, bouquinée là d'aventure, avait suffi à opérer en moi ce profond changement.

Le quai aux bouquins serait-il appelé à devenir le quai aux conversions? Et certes, n'est-ce pas en bouquinant, vers l'âge de vingt-sept ans, que Malebranche commença la lecture du *Traité de l'homme*, qui fit de lui, prêtre de l'Oratoire, un philosophe? C'est également par hasard, dit-on, que Royer-Collard acheta sur les quais quelques volumes de l'école écossaise, et devint ce que l'on sait, à ce que raconte plaisamment M. Taine. On comprend maintenant pourquoi il m'a plu de décrire ces lieux où j'ai passé tant d'heures à feuilleter toute sorte de livres, et où j'ai eu le bonheur d'en rencontrer un qui m'a fait tant de bien.

Je ne peux mieux finir qu'en souhaitant que l'article, dont la lumière m'a éclairé et que je vais reproduire en partie, opère quelques cures et fasse tomber les coquilles des yeux testacés de plus d'un de mes confrères en philosophie.

J. M. J.

# TUONS DESCARTES!

# TUONS DESCARTES!

FRAGMENTS DE L'INTRODUCTION AU COURS SUPÉRIEUR DE PHILOSOPHIE DU PROFESSEUR ERNEST HELLO[1].

« Saluée par l'histoire, par la science et par l'art, la philosophie à son tour vient saluer la théologie ; et la théologie reçoit son salut[2]...

« *Dieu est l'acte pur*. Plus vous approchez de lui, plus vous êtes actif. La vie d'en bas, la vie sans sagesse, la vie sans philosophie, la vie sans loi supérieure, la vie perdue dans le fait isolé, dans le caprice, dans le multiple, dans l'accident, c'est cette vie-là qui n'est pas pratique ; c'est elle qui est un rêve ; c'est elle qui est une illusion !... Les hommes d'en bas, qui accusent les

1. Je dois avertir les lecteurs que les notes sont du révérend Père T. C. de B. ; je les ai trouvées au crayon sur les marges de l'article. Mais pourquoi dire *article* ? C'est l'introduction du *Cours supérieur de philosophie* de M. *Ernest Hello*, professeur à l'Université libre de Paris. J'ai trouvé également un brouillon de lettre du même révérend Père T. C. de B. à M. Ernest Hello, professeur de philosophie, que je publierai peut-être un jour, en vue de l'édification de ceux qui doutent et cherchent encore.

2. Vous avancez là une grande vérité ; le docteur angélique n'aurait pas mieux dit. Nous ne sommes plus, par ce retour à la suzeraineté théologique, embourbés dans la misérable philosophie de ce siècle ; c'est ici de « *la céleste philosophie* », comme dit saint Isidore de Péluse, liv. III, épître 270.

hommes d'en haut, comme si ceux-ci étaient les rêveurs, ressemblent à des animaux qui diraient entre eux : les hommes n'existent pas, car ils ont une âme raisonnable ; la brute seule est quelque chose ! Et ces animaux, contents d'eux-mêmes, regarderaient la vie de l'humanité comme un rêve, et celle des chiens comme une substance [1] !

« Que fait donc cette opinion fausse et menteuse ?

« Elle ignore, elle confond ! Elle confond la vraie et la fausse philosophie...

« Depuis le commencement de l'époque historique, la philosophie est compromise par cette parodie d'elle-même qui est le sophisme.

« La philosophie et la sophistique suivent, depuis le commencement du monde, deux lignes qui ne se rencontreront jamais, pas même à l'infini, là où se touchent les parallèles [2].

« La vraie philosophie est une affirmation. La fausse philosophie est une négation. Qu'elle doute ou qu'elle nie, elle est une négation ; car le doute est la négation cachée dans son principe.

« Je vais plus loin et je prie le lecteur de garder la mémoire de ce que je vais lui dire :

« La vraie philosophie a pour point de départ une affirmation ; la philosophie fausse part de la négation ou du doute. Ce n'est pas seulement au point d'arrivée de la vraie philosophie que se place l'affirmation, la croyance, la foi : c'est au point de départ.

1. Bravo ! voilà qui est parlé !
2. Bien ! bien ! Attrapés les géomètres avec leurs niaises définitions ! Nous leur en ferons voir bien d'autres.

« Si votre acte *initial* est *un doute*, vous êtes un sophiste, et toutes les négations pourront sortir de vous. Je dis : *pourront sortir*, je ne dis pas : *sortiront*. Je ne dis pas que vous ferez sortir de votre doute initial toutes les négations possibles, mais je dis qu'elles pourront en sortir, même malgré vous, conviées par d'autres esprits, appuyés sur le vôtre [1].

« Ici, je déclare la guerre à *Descartes;* et je la lui déclare solennellement [2].

« Un de mes projets, c'est de LE TUER [3] !

« Son doute méthodique se propose de reconstruire une à une toutes les vérités qu'il a ébranlées à la fois : voilà l'illusion. Vous voulez douter de vous d'abord, pour rétablir ensuite tout ce que vous abattez : vous ne le pouvez pas, même si vous le voulez. Le doute, qui est au point de départ, est un poison qui donnera la mort à toutes les opérations de votre esprit. Votre bonne volonté, si vous en avez, sera empoisonnée comme votre intelligence. Et, telle est la subtilité du poison initial, que tous les efforts de votre esprit, pour reconstruire ce que vous avez abattu, seront invalidés par le fait d'avoir abattu d'abord. Le doute, que vous endossez au premier moment, sera un péché originel qui suivra

---

1. Ah ! comme vous marchez à pas de géant sur la route du vrai ! Je vous suis, plein d'admiration.

2. Trois et quatre fois bravo !

3. Oui, oui, ce gredin de Descartes, il faut le tuer, lui et son doute ! Il a sapé les fondements de la théologie ; il a fait triompher le sophisme. Vous seul, jusqu'ici, avez eu le courage de l'attaquer de front ; combien je vous en remercie ! Je vais prendre exemple sur vous. Nous serons deux aujourd'hui à lui déclarer la guerre ; demain, nous serons mille ; après-demain, l'Église entière sera avec nous, et saint Thomas triomphera de nouveau.

votre intelligence dans tous ses actes postérieurs... Il est au fondement de votre édifice, donc il sera au sommet. L'alpha et l'oméga se touchent et se ressemblent. Si le doute est l'alpha, l'oméga sera le doute[1]

« Le doute est tout autre chose qu'un acte réfléchi et limité. Il est une habitude, il en a les manières d'être. Il est constant, envahissant, pénétrant. Tantôt il se montre, tantôt il se cache. Il tend à grandir et à s'assimiler votre substance, car *il est une passion.*

« Voilà le mot prononcé! *Le doute est une passion* : donc sa nature est de dévorer[2]!...

« Dans le monde moderne, et depuis *Descartes* particulièrement[3], l'art semble étranger à la science; les formes de l'art semblent même étrangères entre elles : la philosophie s'égare loin de la théologie[4], et la vie, la vie qu'on appelle la vie pratique, s'en va de son côté, tournant le dos à la philosophie, tournant le dos à la théologie!...

« Depuis que la science s'est séparée de Dieu, elle s'est séparée d'elle-même. On dirait que les sciences ne tiennent plus les unes aux autres. On dirait que les

---

1. Il n'y a rien à répliquer à cette argumentation; elle est dans les règles. Et puis ce qui suit est d'une telle évidence qu'un petit enfant le comprendrait. Qui ne voit, en effet, que *a* est dans *e*, que *e* est dans *i*, et que *i* est dans *o*, en sorte qu'oméga, qui n'est qu'un double *o*, est par le fait dans *a* ?

2. Ici le triomphe est complet : Descartes est vaincu ! il me fait pitié ! Vous l'avez mis en poudre ! Oh ! le triomphe éclatant, public, de la doctrine de notre angélique docteur ne tardera guère ! Encore quelques efforts et nous serons maîtres de la place.

3. Il manque ici une épithète; nous ne pouvons pas dire Descartes tout court : mais cet *affreux* Descartes, ce monstre que l'enfer a vomi, ce diabolique esprit.

4. Voilà une vérité fondamentale qu'il nous faut répéter sans cesse.

sciences physiques constituent une sphère séparée, les sciences morales, une autre. L'astronomie, la géologie, ne croient plus être parentes de la philosophie, et la philosophie, méconnaissant sa propre gloire, ne sent plus comment elle dépend de la théologie. Ce mot de dépendance lui paraîtrait peut-être humiliant, tant les points de vue sont renversés [1] !...

« Une des erreurs les plus radicales qui soient au monde, c'est de croire que l'ordre naturel, scientifique et philosophique, est d'autant plus à l'abri, d'autant plus en sûreté, qu'il est plus séparé de l'ordre surnaturel, du domaine théologique : l'ordre naturel et l'ordre surnaturel sont distincts, non pas séparés. La distinction et la séparation sont si parfaitement dissemblables entre elles qu'il a fallu pour les confondre des prodiges d'ignorance.

« L'ordre naturel appelle l'ordre surnaturel.

« Celui qui croit protéger le premier par l'absence du second, les ignore aussi radicalement l'un que l'autre ; au lieu de sauver l'ordre naturel, il l'isole ; au lieu de sauvegarder, il découronne. La philosophie, qui oublie radicalement la théologie, n'est pas seulement incomplète, elle est fausse !...

« L'Université libre de Paris a ouvert, le 15 décembre, octave de l'Immaculée Conception, son cours de philosophie.

« Une rencontre admirable, qui n'est pas due au

---

1. Pourquoi ne pas dire le mot vrai, le mot qui fait hurler le démon de la sophistique, cette superbe raison qui méconnait son frein : *philosophia ancilla theologiæ* ? Saint Thomas d'Aquin, cette bouche auguste, cette bouche de vérité, ne craignait pas

hasard, se produit à nos yeux. Si j'ouvre l'office de l'Immaculée Conception, je tombe sur ces mots :

« *Lecture du livre de la Sagesse*, Prov. 8 :

« *Le Seigneur m'a possédée au commencement de ses voies...* »

« Vous voyez d'où elle date, *celle* qu'il s'agit d'aimer, la *Sagesse* possédée par Salomon!

« Inspirée par celui qui l'inspire, l'Église rapproche toujours la *Sagesse* et la *Vierge*, et cite celle-là, quand elle parle de celle-ci [1]...

« Il faut que la philosophie soit véritablement catholique [2]! »

(*Revue du monde catholique*, n° du 25 février 1876.)

Depuis 1876, ce que prévoyait si judicieusement le Révérend Père T. C. *de* B., est arrivé. Ils ont été deux, puis mille contre Descartes; puis l'Église tout entière est venue à eux et voici que saint Thomas triomphe ! Le monde profane ne restera pas longtemps sans être conquis, comme moi-même je viens de l'être.

Je ne puis me séparer ainsi de la *Revue catholique*; j'en recommande vivement la lecture à tous, et je n'ai

---

de répéter cette phrase. C'est parce qu'on l'a niée que *tous les points de vue sont renversés*. Affirmons-la donc hautement, crions-la jusque sur les toits !

1. C'est parfait ! Vous restez jusqu'au bout dans la bonne voie : Immaculée Conception et théologie de saint Thomas d'Aquin, tout est là !

2. Vous finissez un peu mollement ; il fallait achever par une vigoureuse sortie contre le chancre cartésien et introduire le fer rouge dans cette plaie, ou tout au moins poser le dilemme : *La philosophie doit être catholique, ou elle ne sera plus; nous la détruirons! Et des derniers philosophes, nous ferons une Saint-Barthélemy !*

qu'un regret, celui de ne pouvoir signaler tous les bons articles que renferme le numéro de février 1876.

Le monde profane ignore sans doute le nom du R. P. Huguet. C'est cependant l'auteur des « *Trésors des serviteurs de saint Joseph* », et de plusieurs autres écrits ayant trait à ce saint. Je finis donc en citant ces lignes de M. Amédée Leyret, auxquelles les bons esprits donneront leur assentiment : « Le culte de saint Joseph est fort ancien... Les Grecs avaient une hymne à sa louange... Les Franciscains, en 1399, prescrivaient la fête de ce saint. Du reste, à quoi bon en dire plus? La *Revue politique et littéraire*, alourdie par la prose de tant de professeurs, a prétendu se divertir à calquer le ton léger de Figaro, une fois en passant, mais elle n'a point réussi, et M. Francisque Sarcey lui-même, dont quelqu'un a dit qu'il est léger comme l'oiseau de saint Luc, reconnaitrait que la *Revue politique* n'est pas le lieu propice à ces jeux d'esprit, trop souvent, hélas! jeux de vilains!! »

J. M. J.

FIN

Sceaux. — Imprimerie Charaire et fils.

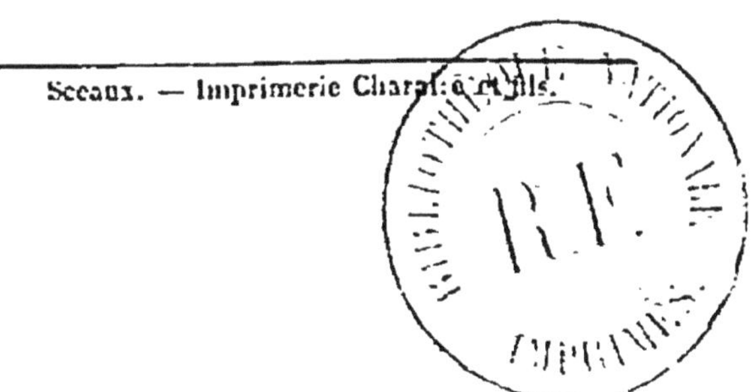

SCEAUX. — IMPRIMERIE CHARAIRE ET FILS

www.ingramcontent.com/pod-product-compliance
Ingram Content Group UK Ltd.
Pitfield, Milton Keynes, MK11 3LW, UK
UKHW020553230726
13925UKWH00006B/2567

9 782013 634533